Imprimerie de Prosper Trenel,

Eglise De Saint-Nicolas-de-Port, en Lorraine.

à Saint-Nicolas-de-Port.

A

Saint-Nicolas-de-Port,

chez

Prosper Trenel, éditeur.

Nancy,

Librairie

De Cayon-Liébault,

Rue Stanislas,

n° 10.

Eglise de Saint-Nicolas-de-Port, en Lorraine.

LES monumens d'un pays en sont l'histoire

vivante ; c'est dans leur étude qu'il est des plus intéressant de chercher à en saisir quelques traits ; eux survivent aux changemens des temps : restés debout à travers les agitations, ils sont les témoins irrécusables des événemens, ils nous reportent vers les âges qui nous ont précédés, sont les preuves caractéristiques de l'esprit, du génie de leur époque, et deviennent des titres de nationalité qu'on se plaît à interroger.

Tel est aussi l'attrait que présente l'Église de Saint-Nicolas-de-Port, un des restes les plus vénérables d'architecture gothique, dont les hautes tours frappent au loin les regards et ferment le magnifique bassin de Nancy. Oui, à la vue de ce bel et vaste Édifice, dont la façade occidentale peut rivaliser avec les deux tiers des autres églises de France ; de son ensemble majestueux, des ornemens hardis qui le décorent de toutes parts, de leur beauté, de la perfection extraordinaire de leur travail, on s'étonne, on se demande, lorsqu'encore de chétives habitations en obstruent le parvis et dérobent le coup d'œil, si ce n'est pas là le gage puissant d'une prospérité reculée ? En effet, au 15e siècle, c'est-à-dire à l'époque du jet de ce beau monument, elle était florissante, la ville de Saint-Nicolas-de-Port ! Son commerce était célèbre ; ville bien-aimée de nos ducs qui s'y rendirent souvent [1], elle possédait des institutions qui lui

[1] Par un compte rendu en 1611, on voit qu'il est mentionné une somme de deux cent vingt-un francs six gros, déboursés en vins d'honneur seulement, et il s'élève à 9 articles ; le premier

étaient propres ; Charles III y établit des foires franches en 1597, long-temps centre du commerce de l'Europe ; des *juges consuls* pour y décider *jusqu'à la value de deux cents écus d'or sol*, confirmés en 1612 par Henri II, qui étendit leur juridiction au *Marquisat* de Nancy. Les jésuites y eurent un noviciat, jusqu'en 1768 un collège fondé par Érard Maimbourg et Catherine Bertrand, sa femme. Des bénédictins s'y établirent dès l'an 1098 ; on y comptait encore trois autres couvens de religieuses. « En » 1478, nous dit Henriquez, un nommé Didier Virion » amena de Paris un garçon qui commença à imprimer » mer des vers à la louange de Réné II. » Voilà les essais de l'art typographique en Lorraine ; mais un prêtre, Pierre Jacobi, établit la première presse à Saint-Nicolas, et vers 1518 en sortit le *liber Nanceidos*, la Nanceïde, poëme latin de Blaru, chanoine de Saint-Dié, dont aujourd'hui même nous admirons la perfection d'exécution. Le duc Antoine avait accordé des armes au Bourg de Saint-Nicolas ; Christine de Danemark et Nicolas de Lorraine les renouvellèrent le 4 juin 1546 : *Aians egards aux bons debuoirs du passé et bonne volunté que lesd. habitans ont envers mon filz et nepveu pour l'advenir, leur avons permis..... concédé, de porter pour leurs armes et enseignes...... d'ung champ d'or à une*

commence : *Met en despence quatre francs, qu'au commencement de la foire Saint-Jean 1611, ... payé à Barbe Broussars, hostesse du cheval rouge audit Saint-Nicolas, pour trois pots vin blan à six gros l'un, et trois pots du clairet à six gros, présenté à son altesse estant à disner audit Saint-Nicolas.*

navire maillée, hunnée, cordée de sable, flottant sur undes d'azur et d'argent de cinq pièces, au chief de gueulle, à l'alerion d'argent, pour par eulx et leurs successeurs habitans dudict Sainct Nicolas du port, user, les porter en ceremonies, signes et enseignes de la dicte ville et communauté, en tous lieux et partout où il sera requis et de necessité......... ne aussi sans rien deroguer de leurs priuilèges, franchises et libertéz......

Suivons son histoire : Alexandre, fils naturel de Jean Ier, duc de Bourbon, pilla Saint-Nicolas en 1439 : *Jour de mécredy, ammy caresme, vint en Lorraine, accompaigné de cinq cens chevaulx, entra à St. Nicolas ; toutes les bonnes maisons il les fouragea, robbant or, argent, joyaux, tasses, goubellets et tout ce de bon qu'il pouvoit ; draps et marchendises. Plusieurs bons bourgeois de lad. Sainct Nicolas ilz prindrent ; et d'aultres marchands de beaucoup de lieux. Puis quand ils ne sceurent plus que prendre, ilz se sont departis, droict devers Langres leurs chemins ont pris. Les seigneurs de Lorraine, et toutes gens de guerre, montéz, et armés, sont alléz après, proche de Langres se les ont trouvéz, ont chargé sus, moult y en eut des prins et des tuéz. Sainct Nicolas son miracle y a monstré, tous prisonniers et tous leurs butins ont recouvré. Les prisonniers furent laschéz et la plus part des biens à Sainct Nicolas rapportéz, dont toutes gens louoient Dieu de ceste victoire, Dieu et le bon Sainct Nicolas vouloient qu'ain si fût, afin d'en estre à jamais la memoire*[1]. Mais sous Charles IV, en 1635, cette ville fut saccagée et presque détruite par les Suédois, auxiliaires de Louis XIII. Le marquis de Beauveau, parlant de l'occupation de la Lorraine, pillée également par les alliés du duc et ses ennemis, ajoute : « Le plus » grand dommage, et qu'on peut dire irréparable de » plusieurs siècles, fut l'incendie du Bourg et de » l'Église de Saint-Nicolas, qui n'est qu'à deux lieues » de Nancy. Tout ce que la brutalité peut commettre » d'excès fut exercé..... » Elle partagea ainsi les malheurs qui fondirent alors sur le pays. « La » Lorraine fut en même temps affligée de peste, de » guerre, de famine, en telle sorte que d'âges » d'hommes, il ne s'est rien vu de semblable en » cruauté; car on a vu les villes, bourgs et villages » déserts, les paysans ruinés.... les hommes s'égor- » ger l'un l'autre, les enfans manger leur père et » les pères leurs enfans....[2] La postérité, s'écrie » *D. Cassien Bidot*, aura peine de croire ce que » nous écrivons. Mais *quod vidimus testamur*, et » le comble des maux est qu'on n'y voit point de » fin. » Ces désastres laissèrent des traces profondes, et ce fut sans succès que Stanislas-le-Bienfaisant tenta de relever, à Saint-Nicolas, et son commerce et ses foires qui autrefois lui avaient acquis tant de célébrité.

[1] Chronique de Lorraine.

[2] Journal de Claude Guillemin, tabellion et échevin de Saint-Nicolas-de-Port.

Comptons parmi ses illustrations, Didier Oriet, auteur d'un poëme *La Susanne*, imprimé en 1553; Guibert, grand alchimiste, né en 1540; Petit-Didier, évêque de Macra, auteur d'une apologie des *Lettres provinciales;* Jean Joseph, un de ses frères, chancelier de l'Université de Pont-à-Mousson, et confesseur de Léopold; et surtout celui qui conçut, osa, mit la dernière main à une entreprise qui nous surprend par son audace, l'érection de la basilique; Simon Moycet, simple prieur de Saint-Nicolas.

Ce lieu était un bois, au milieu duquel s'éleva une chapelle sous le titre de Notre-Dame, ensuite une métairie, origine du village de Port, que les Pélerins firent connaître, lorsqu'Albert, seigneur lorrain, y eut déposé, vers 1087, quelques reliques de saint Nicolas, évêque de Myrrhe, qu'il avait obtenues dans leur translation de Myrrhe, ruinée par les Turcs, à Bari, dans la Pouille. Le prieur de Varangéville, duquel il dépendait, y établit quelques religieux, fondation du prieuré de Saint-Nicolas, et une première église y fut construite en 1101 : bientôt célèbre, la dévotion des peuples se plut à l'enrichir.

Saint Nicolas était né à Patare, en Lycie : il assista au concile de Nicée, montra le plus grand zèle pour la destruction de l'idolâtrie, et mourut fort regretté, vers l'an 326. Ses attributs varient comme ses miracles; patron des nautonniers qui l'invoquent dans leur détresse, on le dépeint quelquefois avec les emblêmes de la marine; tantôt accompagné d'un seul enfant ou adolescent, en mémoire de la délivrance d'un fils unique, fait esclave, qu'il rendit jour pour jour, un an après sa captivité, à ses parens qui célébraient la fête du pontife. Presque toujours avec trois enfans dans une cuve, ayant aussi, d'après les légendaires, ressuscité trois écoliers qu'un hôtelier avait tués, et qu'il gardait dans un saloir, pour vendre leur chair en guise de viande commune. En France, plusieurs Églises étaient sous l'invocation de saint Nicolas; la principale était en Lorraine.

Divers souvenirs se rattachent à ce premier Édifice; déjà au 13ᵉ siècle, on voyait d'énormes chaînes appendues aux piliers, par des défenseurs du nom chrétien, qui, faits captifs dans les guerres contre les Sarrazins, attribuaient leur délivrance aux mérites du saint. En reconnaissance de la sienne, le comte de Rechicourt avait fondé une procession solennelle qui se faisait le 5 décembre, à huit heures du soir; il assista à la première portant ses fers, qu'il laissa ensuite dans l'église.

Les pèlerins qui s'y rendaient en bandes toujours plus nombreuses, à leur retour se réunissaient sous la bannière de saint Nicolas : le commerce de ces étendards y devint si considérable, que l'abbé de Gorze, d'où dépendait l'église et le prieuré de Port, s'était réservé le droit de les faire vendre par ses ordres : l'usage de porter de ces enseignes était éteint; mais jusqu'à nos jours, le prieur ne permettait, de même, qu'à certains marchands, la vente de cornets de verre et de médailles de saint Nicolas, que les curieux y achetaient.

Durant la guerre entre Réné II et Charles-le-Hardi,

au second siége de Nancy; les Bourguignons lassés, mourant de faim, de froid, se répandaient dans les campagnes et s'établissaient jusque dans Saint-Nicolas. La garnison de Rosières les y surprit: *Malheurtrye qui de Rozière capitaine estoit, Honnestre aussi de Luneville chief estoit, la seconde feste de Noël, led. de Rozière et de Luneville, qui puissans estoient, à heure de minuict tous en armes se mirent, tous à la couverte à Sainct Nicolas vinrent; tous les Bourguignons que trouver pouvoient, tous à mort les mettoient; de grand coups de couleuvrines, d'arbalestres, d'espées, de picques et de hallebardes les faisoient mourir; aucuns Bourguignons dedans l'Eglise entrirent; quand dedans furent, se mirent en deffense, comme une forteresse; d'arques, d'arbalestres commencirent à tirer. Quand les Lorrains virent ce, ensembles tous se mirent, donnèrent l'assaut à lad. Eglise, et par force d'estre vaillans ils entrèrent dedans, commencèrent à tous tuer; eulx voyant qu'ils estoient perdus, pour cuider estre sauvé, montirent sur le grand autel, tenant St. Nicolas embrassé, demandant mercy; rien ne leur vallut qu'ils ne fussient tuéz* [1]. Sur la marche de Réné II, pour secourir sa capitale, le duc de Bourgogne détacha trois cents lances pour mettre le feu à Saint-Nicolas; les Lorrains y entrèrent en même temps qu'eux et les en chassèrent: *Beaucoup de Bourguignons audit St. Nicolas estoient... en plusieurs maisons cachié*

[1] Chronique de Lorraine.

estoient, même en l'Eglise y en avoit. Les Suisses en furent advertis, partout alloient cherchier, les uns hors des maisons les menoient, emmy les rues les mettoient à mort; ung des Bourguignons en l'Eglise fut trouvé, en l'amenant hors, ung Suisse tout sur l'huis de ladicte Eglise, lui coupit la téste, et d'autres qu'on les prenoit, on les couploit cinq ou six ensembles, sur le pont on les menoït, on les faisoit du hault en bas saulter dedans la rivière, à grand coup de piques les piquoient tant que noyéz estoient, bien se montroient que grands ennemys des Bourguignons estoient[1]. Le duc de Lorraine fit connaître son arrivée aux assiégés par un fanal allumé sur la tour de Saint-Nicolas : *Comment, dict le duc à ses conseillers, pourrons faire de faire quelques signes, par quoi ceulx de Nancy puissient sçavoir que nous sommes ici pour les secourir? Ung d'eulx dict: Monsieur, à heure de minuict ferons monter ung de nos gens en hault de la lanterne du clochié, aura ung fallot ardent, par lequel le pourront choisir.... dict le duc, c'est bien advisé, or faictes que le fallot soit bien allumé*[2]. Le lendemain la bataille se donna, la ville aux abois fut délivrée, le duc de Bourgogne périt les armes à la main, et cette mort changea les destinées de l'Europe.

En 1494 furent jetés les fondemens de la nouvelle Église, achevée en 1544. Comme nous l'avons dit, un simple prieur, Simon Moycet, en entreprit la

[1] Chronique de Lorraine. — [2] *Idem.*

construction, sollicita des secours, multiplia ses démarches, en vit se terminer les travaux après quarante-neuf ans de persévérance. Six ans après, il mourut, on l'y enterra, et personne depuis n'y eut sa sépulture, au-devant de l'autel de saint Nicolas. L'on regrette de ne plus retrouver aujourd'hui la simple table de marbre qui lui fut érigée, mais sur laquelle au moins ses traits avaient été reproduits. On ignore le nom de l'architecte, fut-ce Moycet lui-même? Il n'était pas rare de voir alors les Prélats, les Abbés, versés dans la science et la pratique de l'architecture, se faire gloire de s'en occuper et de déployer leurs talens dans la reconstruction de leurs églises. S'il existe encore des archives à Saint-Nicolas, peut-être trouverait-on d'anciens comptes, d'anciens mémoires pour vérifier cette conjecture. Non seulement toute la Lorraine, mais l'Alsace, la Suisse contribuèrent à son achèvement. Aussi voyait-on aux vitraux les armoiries de leurs principales villes. Celle de Metz fournit la pierre pour le pavé, qu'on amenait par bateaux; René II, outre diverses libéralités, pour faciliter le transport de celle qui fut tirée des carrières de Viterne, en fit paver la route jusqu'à Saint-Nicolas.

Né de la décadence absolue des arts, qui précéda et suivit la dissolution de l'Empire romain, le style gothique, introduit en France et en Allemagne au siècle de Charlemagne, varia suivant le génie et l'esprit des différens peuples qui, tour à tour, s'en emparèrent. Lourd, écrasé chez les Saxons, rappelant en Italie l'architecture grecque; hardi chez les

Allemands, il emprunta aux Maures une délicatesse de travail, une profusion d'ornemens qui s'allièrent merveilleusement à son génie capricieux. Le 15e siècle, riche de tous les modèles qui l'avaient précédé, fut l'âge du gothique fleuri : l'art, au plus haut degré de splendeur, tendait à son déclin, le secret de ces magiques compositions allait être perdu ; on y reconnaît une sagesse d'entente qui ramenait à l'étude de l'antique, et qu'on pourrait déjà remarquer dans notre Église. Répétons, que dans ces édifices, beaux de deux lieues, beaux à deux pas, la hardiesse, la légèreté n'en diminuent jamais la solidité, et que ces efforts d'adresse et de travail paraissent impossibles à imiter. Qu'il est toujours certain que les églises gothiques, dans la manière des différens âges, offrent les plus grandes beautés à côté des plus grands défauts, que nous ne pouvons les contempler sans apercevoir un air majestueux bien digne de leur destination, la connaissance la plus profonde de la science et de la pratique de la construction et une hardiesse d'exécution, dont l'antiquité n'offre point d'exemple. Les Romains donnaient à leurs grandes voûtes six ou huit pieds d'épaisseur, une voûte gothique de pareille dimension n'a qu'un pied. Toutes nos voûtes modernes paraissent lourdes, tandis que celles de nos cathédrales ont une légèreté qui frappe l'œil le moins connaisseur.

Aussi, l'intérieur de l'Église de Saint-Nicolas-de-Port offre-t-il le plus haut intérêt : de grêles piliers soutiennent une voûte de quatre-vingt-six pieds de hauteur ; on est frappé de la hardiesse de ceux du centre des ailes de la croix, dont un s'élève en spirale élégante : composé de deux nefs l'une au bout de l'autre, de quatre-vingt-dix pieds de largeur dans œuvre, elles font un coude considérable à leur point de jonction, de manière à figurer un vaisseau dont les extrémités, la proue et la poupe sont recourbées, et dont cependant on ne s'aperçoit qu'en y faisant beaucoup d'attention ! On a cherché à expliquer cette singularité. Au passage de Louis XV, en 1744, les architectes qui l'accompagnaient, jugèrent que Simon Moycet, n'étant pas maître du terrain, fut obligé de se régler sur ce qui lui avait été concédé ; et cette opinion est la plus probable. Les vitraux du chœur, de la rose, font sentir la perte de ceux qui ont été brisés lors de l'incendie du temple. Les tours ont deux cents pieds de hauteur jusqu'aux dômes qui les terminent, et qui eux-mêmes en ont cinquante ; celui du côté du sud, surmonté de son ancienne flèche à la croix de Lorraine, est un peu moins élevé. La longueur totale de l'édifice est d'environ deux cent trente pieds dans œuvre également.

Dans la guerre des Suédois, le reliquaire de Saint-Nicolas fut transporté à Nancy ; il était en forme de bras d'or et d'argent émaillé, enrichi de pierres précieuses. On trouva dans deux doigts de la main, l'index et le medius ; la Jointure entière d'un doigt, apportée par le gentilhomme lorrain ; un Os assez gros, donné, en 1193, par Eudes de Vaudémont, et deux Esquilles envoyées d'Angleterre, vers l'an 1195 ; on les en tira : *Les dites reliques*, fut-il déclaré, *seront mises en leur pristin estat*, ce qui *sera, quand il plaira à Dieu par sa divine providence, purger et esmonder cest estat et duché de Lorraine des gens de guerre, incursion et actes d'hostils militaires.* Le sire de Joinville avait déposé, en 1254, pour accomplir un vœu de la reine, femme de saint Louis, *une nef qu'avoit promise à Mgr St Nicolas.* On y voyait en relief: *le roi, elle, et leur trois enfans, les mariniers, les cordaiges et la gouvernail tout d'argent, et cousus à fil d'argent.* Est-il besoin de dire que le vandalisme révolutionnaire s'est aussi arrêté là !....

Vingt années de paix se sont écoulées, la ville de Saint-Nicolas en a ressenti la féconde influence; favorisée par une heureuse position, elle voit renaître une activité qui lui était inconnue: quatre cents ans après Jacobi, une imprimerie, comme le prélude d'une renaissance, vient s'y établir de nouveau : si, comme au jubilé de 1602, on ne comptera plus deux cent mille pèlerins, chaque année les fêtes de la Pentecôte ramèneront une multitude accourue de toutes parts, empressée de saluer *le Patron de la Lorraine.*

Pensera-t-on à réclamer, en faveur du vieux monument qui présida à tant de mutations diverses, plus mutilé encore par la main des hommes que des injures des ans, quelques restaurations rendues indispensables par les convenances. Un misérable badigeonnage a fait disparaître la teinte séculaire de ses murs, en fait ressortir la nudité, et déguise mal les friperies grotesques dont on a cru décorer ses autels ; jusqu'au porche principal, on peut voir une statue fraîchement barbouillée. Serait-ce trop de demander au dix-neuvième siècle d'assurer la conservation d'un œuvre qu'il lui faut se contenter d'admirer, et qui cependant au quinzième fut la vie d'un homme ? Si on n'élève la voix au nom de la piété, eh bien ! qu'on mendie *au nom des arts;* mais qu'on se souvienne qu'à compter des Pyramides, les hommes n'ont attesté davantage la hauteur de leurs facultés, la puissance de leur génie, que dans les objets consacrés à la divinité, ou destinés à rappeler les idées qui en dérivent !

CAYON F...

1835.

www.ingramcontent.com/pod-product-compliance
Lightning Source LLC
LaVergne TN
LVHW012017170826
845678LV00004BA/1519

* 9 7 8 2 3 2 9 6 3 1 8 9 9 *